DISCOURS

PRONONCÉ DEVANT LA COUR D'ASSISES DE LA SEINE,

PAR M. LAURENT,

AVOCAT A LA COUR ROYALE DE PARIS,

POUR M. RICARD-FARRAT,

(Affaire du journal des Amis du Peuple).

DISCOURS

PRONONCÉ

devant la Cour d'Assises de la Seine,

POUR M. RICARD-FARRAT.

MESSIEURS,

La presse et le pouvoir sont aujourd'hui engagés dans un combat à outrance. En venant défendre un écrivain qui est accusé d'avoir pris part à cette lutte, mon intention n'est point de me jeter aveuglément à mon tour dans la mêlée, pour y frapper sans pitié d'aveugles ennemis. Je veux m'efforcer au contraire de m'élever autant que je le pourrai au-dessus des passions dont nos hommes d'état font un crime à nos journalistes, alors qu'ils ne résistent pas toujours eux-mêmes à d'autres passions non moins violentes peut-être, et qui, à raison de l'étendue et de la hauteur du théâtre où elles fermentent et bouillonnent, peuvent avoir des résultats plus désastreux. Ce sera donc sans aigreur, mais aussi sans faiblesse et sans timidité, que je remplirai la tâche qui m'a été confiée, avec la seule ambition de faire servir la justification de mon client à l'émission franche et calme de quelques vérités utiles.

Vous avez à juger, messieurs, un homme qui a fait publiquement profession de républicanisme; un homme que cette opinion a déjà fait condamner, et qu'on a tiré aujourd'hui même de sa geôle pour l'amener devant vous. Si cette opinion est punissable dans toutes ses manifestations, partout où l'on peut la saisir, et alors même qu'elle reste dans le domaine de la libre discussion, que pourrait vous dire mon client de plus qu'à ses premiers juges? N'est-ce pas le cas de rappeller cette anecdote si connue de l'histoire ancienne, que mes souvenirs classiques me fournissent, et qui n'aura pas sans doute échappé aux vôtres? je veux parler de ce roi de Sicile qui se piquait de poésie et dont le nom est si fameux parmi les tyrans de l'antiquité.

Vous savez, messieurs, que dans un accès de susceptibilité de métromane, il fit jeter dans les fers un poète célèbre qui avait eu l'audace de ne pas trouver bons de méchans vers, sans égard pour leur royale origine. Voulant toutefois offrir au coupable l'occasion de réparer sa faute et de se faire absoudre de son courage, l'auguste versificateur essaya de se remettre en verve, puis il donna l'ordre à ses satellites d'aller chercher en prison le censeur trop véridique, pour tenter encore sa hardiesse et sa sincérité, en lui soumettant une production nouvelle.

Mais la privation de la liberté n'avait rien fait perdre à Philoxène de la rectitude de son jugement, de la pureté de son goût, ni de la franchise de son caractère. Pour toute réponse, il se tourna vers ses gardes et leur dit : « Qu'on me ramène aux carrières. »

Denis eut le bon esprit de subir patiemment l'épigramme, et de ne pas pousser plus loin une persécution ridicule autant qu'odieuse. Il sut comprendre que tous les châtimens infligés à la critique ne rendraient pas ses vers meilleurs.

Eh bien! messieurs, il se passe aujourd'hui devant vous quelque chose qui n'est pas sans analogie, sans ressemblance avec ce fait historique. Heureux seulement notre pays si les actes et les doctrines qui provoquent ou entretiennent la polémique violente à laquelle tant d'écrivains doivent de voyager incessamment du Palais-de-Justice à Sainte-Pélagie et de Sainte-Pélagie au Palais-de-Justice; heureux notre pays, dis-je, heureuses toutes les nations, si les bévues politiques et les erreurs du pouvoir n'avaient pas d'autre importance que celle qu'on pouvait raisonnablement attacher aux vers innocens du tyran de Syracuse!

Mais c'est précisément parce que les œuvres défectueuses ont en politique des conséquences bien autrement graves qu'en littérature et en poésie, que l'écrivain démocrate, puni pour avoir attaqué, avec une rudesse toute républicaine, un gouvernement monarchique, dont le principe et la conduite lui avaient paru, à tort ou à raison, également contraires au bien du pays, s'il trouve toujours en lui les mêmes pensées et les mêmes convictions, ne doit rien taire des vices, des abus et des dangers qu'il croit apercevoir; et plutôt que de faire céder le cri de sa conscience à la crainte de nouvelles condamnations, il ne peut aussi que dire à ses juges : « Qu'on me ramène aux carrières! »

Mais ses juges doivent-ils accéder à cette demande? et ne serait-il pas plus digne de leur prudence et de leur sagesse de modérer l'impétuosité du ministère, même contre les républicains, en lui rappelant à propos l'histoire du prince que je viens de citer; en montrant la justice, calme, impartiale et prévoyante, plus jalouse d'indiquer au pouvoir la voie large et sûre de la clémence que de le suivre dans le sentier étroit et périlleux de la rigueur et de tout ce qui peut ressembler de près ou de loin à la persécution ?

Messieurs, cette question sera pleinement résolue en faveur de mon client, surtout quand il aura pu vous dire quelle est la nature de la participation qu'il a prise à la publication qui a provoqué contre lui de nouvelles poursuites. Cependant comme la fonction presque passive et purement matérielle qu'il a remplie en cette circonstance est présentée comme l'expression d'une solidarité de doctrines qui entraînerait la responsabilité légale, je dois dire comment sans approuver la forme violente, brutale peut-être, sous laquelle se trouvait exprimée une opinion qui au fond était la sienne, un républicain a pu, sans s'arrêter à l'âcreté du style, croire innocentes et vraies des propositions que les gens du roi ont pu de leur côté considérer comme fausses et criminelles. Il ne s'agit de rien moins ici, messieurs, que de traiter la question primordiale de la légitimité et de la nationalité des pouvoirs publics. Je sais combien il faut être sûr de sa pensée pour ne pas hésiter, pour ne pas reculer devant une discussion si épineuse ; je sais tout ce qu'elle a de gravité, tout ce qu'elle exige de réserve et d'indépendance de l'esprit de parti ; et néanmoins c'est sans crainte que je l'aborde, en vous demandant seulement de ne juger mes paroles que dans leur ensemble, dans leur esprit et dans leur but ; car ce n'est que lorsque j'aurai tout dit que justice pourra être rendue à mes intentions. Oui, messieurs, je ne consentirais pas à marcher sur des charbons ardens, je ne me lancerais pas avec tant de confiance sur un sol volcanisé, si je ne trouvais une sauvegarde dans mes convictions, si je n'avais pas la certitude de n'emporter avec moi aucune matière inflammable; si je ne pouvais pas me rendre ce témoignage que je ne suis point venu ici pour attiser le feu, mais plutôt pour chercher et pour découvrir les moyens de l'éteindre.

Il faut l'avouer, messieurs; c'est une position bien délicate, une existence assez pénible, une destinée peu attrayante que celle d'un gouvernement qui, placé entre les sectateurs opiniâtres du droit divin et les partisans inflexibles de la souveraineté du peuple, s'entend dire tous les jour, par les uns, qu'il n'est pas légitime, par les autres, qu'il n'est pas national !

Je conçois que les récriminations quotidiennes de la presse importunent et offensent le pouvoir; je conçois qu'aigri et fatigué de l'obstination des royalistes et de la persévérance des républicains, dont, soit dit en passant, je n'admets nullement la chimérique alliance, ne pouvant prendre le fait de quelques individus pour l'expression de la volonté d'un parti, quand ce fait renferme la négation la plus complète et la plus forte des principes et des sentimens qui caractérisent essentiellement et qui constituent ce parti; je conçois, dis-je, que le gouvernement trouve périlleuses les contestations qu'on élève à chaque instant sur ses droits, et qu'il éprouve quelque envie d'en finir par des poursuites rigoureuses avec les écrivains de la restauration et avec ceux des barricades, qui le traitent également d'usurpateur. Mais n'y aurait-il pas encore plus de danger pour lui à céder trop facilement à la fatigue et à l'irritation ? et pourrait-il se flatter d'avoir justifié l'origine et la nature de son pouvoir, d'avoir réfuté victorieusement ses adversaires, parce qu'il aurait appelé sur leurs têtes toute la sévérité des lois ? Quelques lumières et quelque bonne foi que les juges puissent apporter dans leur sentence, punir n'est pas répondre; et s'il y a quelque chose de vraiment injurieux pour le prince que la révolution de juillet a placé sur le trône, sans le secours de la sainte-ampoule et sans l'appui des assemblées primaires, c'est l'acharnement de ses imprudens conseillers contre la presse périodique, pour ses allusions continuelles à la double absence du sceau divin et du sceau populaire; acharnement qui peut faire croire qu'ils n'ont rien de mieux à opposer que des réquisitoires et des arrêts à la logique pressante des légitimistes et des démocrates. Eh bien! puisque les champions naturels de la monarchie nouvelle l'accusent implicitement, à mon avis, par la manière dont ils la défendent, qu'il soit permis à l'avocat d'un républicain de signaler aux avocats de la couronne d'autres moyens que ceux qu'ils emploient pour préserver leur auguste cliente du reproche d'usurpation! Que je puisse dire, sans cesser de remplir scrupuleusement et dans toute sa plénitude le mandat que j'ai reçu d'un ami du peuple; que je puisse dire comment un gouvernement privé à la fois de la consécration religieuse et de la sanction démocratique pourrait néanmoins se proclamer légitime, et ne pas craindre de rencontrer de sérieuses contradictions, et se sentir assez fort pour braver, briser ou dédaigner des résistances isolées et passagères.

Charlemagne et Napoléon, quand ils fondèrent des empires, ne tenaient que de leur épée le droit de commander aux hommes. Charlemagne était fils d'un usurpateur; Napoléon était usurpateur lui-même dans le sens vulgaire, dans le sens étroit et rigoureux du mot, et cette qualification leur serait restée dans l'histoire, malgré le soin qu'ils eurent l'un et l'autre de recourir à l'huile sainte, et de s'appuyer sur un simulacre de ratification nationale, s'ils n'avaient pas eu d'autre titre à l'obéissance des peuples que l'onction pontificale et le vote illusoire des champs de mai. Quelle fut donc leur véritable légitimité? La France, l'Europe et le monde entier vous le diront. Ce fut le génie qui leur fit comprendre et dominer leur époque! Ce fut l'intelligence de la société dont ils saisirent les rênes, et qu'ils entraînèrent à leur suite! Ce fut le sentiment de la grandeur du peuple dont ils se constituèrent les chefs! Ce fut la conscience de la haute mission que ce peuple initiateur avait à remplir, même par les armes, sur les nations voisines, pour les associer au mouvement et aux bienfaits de sa civilisation plus avancée! Ce fut la puissance de raison et de volonté qu'ils déployèrent pour se mettre à la tête de ce vaste mouvement! Ce fut l'ascendant de la gloire qu'ils moissonnèrent dans leur apostolat militaire, dans leurs conquêtes civilisatrices! Ce fut la suprématie morale qu'ils exercèrent sur leur pays et sur leur siècle, et qui groupa autour d'eux les masses et les illustrations contemporaines! Ce fut le prestige qui s'attache toujours à l'apparition d'un grand homme sur la scène du monde, et qui lui fait décerner d'abord l'ovation et puis l'apothéose! Ce fut l'enthousiasme universel qui salua du titre de magnifiques conquérans et de sages législateurs, le vainqueur des Saxons et le triomphateur d'Austerlitz, l'auteur des Capitulaires et l'inspirateur du Code civil!

A de tels rois qui aurait osé demander de montrer les traces du saint chrême ou d'exhiber le procès-verbal d'une assemblée électorale, pour savoir s'ils étaient légitimes?

Napoléon, il est vrai, rencontra parmi les patriotes et les royalistes quelques caractères indomptables, qui persistèrent à le flétrir de l'épithète d'*usurpateur*. Les uns lui reprochèrent l'attentat de Saint-Cloud, les autres le crime

de Vincennes. Chénier parla pour la république étouffée
au berceau; Chateaubriand pour la vieille monarchie per-
sécutée au-delà de la tombe, et immolée une seconde fois
dans le dernier rejeton de Condé. Elle devait paraître bien
redoutable, cette double opposition qui s'avançait ainsi appuyée sur les traditions glorieuses de la France de saint
Louis et sur les souvenirs plus récens et plus glorieux de la
France de la révolution! cette opposition, qui se formait
de tout ce qu'il y eut de plus noble et de plus généreux
dans les sentimens chevaleresques, et de tout ce que l'on
admira de plus pur et de plus héroïque dans les sentimens
républicains! cette opposition, qui pouvait montrer avec
orgueil pour ses porte-bannières, d'un côté l'auteur du
Génie du christianisme, de l'autre Carnot! Carnot! l'*orga-
nisateur de la victoire*, dans cette fameuse assemblée qui
sauva la France de l'invasion étrangère, et qui peut bien,
appuyée sur ce titre, se présenter hardiment devant le tribunal de l'histoire, peu soucieuse de l'épithète de *misérable*
que lui appliquent *provisoirement* des hommes qui la subi-
ront un jour eux-mêmes de la postérité dont les arrêts seront *définitifs!* cette opposition, qui avait pour elle les plus
grandes renommées de la littérature, de la philosophie et
de la politique; la voix de Benjamin Constant et la plume
de madame de Staël! eh bien! cette opposition de géans
ne poussa toutefois qu'un cri solitaire, un cri dont le reten-
tissement se perdit en un jour au milieu des acclamations
universelles qui entraînèrent bientôt les pontifes et les rois
eux-mêmes à reconnaître, à saluer et à bénir le véritable
élu du peuple! Les pontifes et les rois! Les pontifes vinrent
du fond de l'Italie déposer l'orgueil de la tiare sur les mar-
ches du trône impérial. Les rois! Le plus puissant d'entre
eux, l'autocrate de toutes les Russies, l'héritier de Cathe-

rine, le superbe Alexandre réduisit lui-même la légitimité
de la naissance, si hautaine de sa nature, à se montrer
flatteuse et empressée auprès de la légitimité du génie,
quand, tout fier de se trouver assis dans une réunion publique à côté du vainqueur d'Iéna, il ne put s'empêcher de
tressaillir d'admiration et de joie en entendant ce vers,
dont il lui fit aussitôt l'application :

L'amitié d'un grand homme est un bienfait des dieux.

Mais on va se récrier peut-être, et me demander si entre
le droit divin et le droit populaire il n'y a que le droit du
génie ; si, à défaut du sacre de Reims et du suffrage universel, toute légitimité est impossible, à moins qu'elle ne
soit fondée sur la gloire d'un Charlemagne ou la renom-
mée d'un Napoléon. Ce serait, je l'avoue, laisser à tout
prince nouveau bien peu de chances pour se faire légiti-
mer ; car il en est de ces conquérans-législateurs comme
des deux grands orateurs de l'antiquité dont un chancelier
de France a dit : « que la nature s'était reposée long-temps
après les avoir montrés au monde. » Aussi, loin de tracer
un cercle si étroit autour des fondateurs de dynasties nouvelles, le peuple, confiant et facile, leur ouvre-t-il toujours le champ le plus vaste pour justifier leur avénement
au suprême pouvoir. Qu'ils daignent seulement songer à
lui, s'occuper de ses intérêts, sonder ses blessures, remé-
dier à ses souffrances ; qu'ils maintiennent l'honneur du pays
au-dehors et sa prospérité au-dedans ; qu'ils encouragent
le développement graduel et pacifique des lumières et des
richesses nationales, et il leur pardonne aisément alors de
n'avoir pas été formés dans le moule des Alexandre et
des César.

Ici, messieurs, nous arrivons à la partie la plus déli-

cate de la question que j'ai soulevée. Abordons-la franchement, sans intention de flatterie ou de malice. Osons le
dire, non pour mendier un sourire de l'esprit de parti,
mais comme si nous faisions de l'histoire, avec toute la
naïveté, la dignité, la gravité qu'elle comporte. La royauté
de juillet ne pouvait avoir et n'a jamais eu la prétention
de puiser son droit à la même source que les Napoléon et
les César. Elle ne se dissimulait pas non plus que la légitimité selon la *grâce de Dieu*, et la légitimité selon le vote
des assemblées primaires, lui manquaient également. Il ne
lui restait donc pour sanction que la déclaration des députés et le consentement tacite du peuple ; consentement
qui ne s'obtient qu'en soulageant la misère du peuple,
qu'en améliorant le sort du peuple, qu'en faisant le bonheur du peuple.

Les conseillers de la couronne ont-ils assez satisfait à ce
devoir, assez rempli ces conditions pour que les logiciens
rigoureux du droit divin et de la souveraineté nationale ne
puissent pas leur contester, leur dénier cette troisième
forme de la légitimité ? Ici, messieurs, je dois écarter mon
opinion personnelle, et m'en tenir aux faits incontestables
qui nous assiégent de tous côtés. Rappelez-vous en effet
tout ce qu'on dit, tout ce qu'on imprime chaque jour sur
la question de la popularité que le pouvoir peut réclamer
pour ses actes. « Quels sont, vous disent à l'envi tous les
partis, quels sont les bienfaits que le système du gouvernement nouveau a répandus sur la France ? Qu'a-t-il pro-
duit de grand et de généreux en diplomatie, de sage et
d'utile en législation ? Quelles plaies a-t-il guéries ? Quelles
charges publiques a-t-il allégées ? Qu'a répondu le ministère aux doléances si vives et si universelles des classes
pauvres contre l'impôt indirect, contre l'impôt des bois-

sons ? Il leur a fait dire , par la voie de la tribune , que cet impôt était le plus ingénieux , le plus supportable et le plus doux de tous les impôts, parce qu'il était volontaire , et qu'on pouvait y échapper facilement en *s'abstenant de boire !* Quel soulagement a-t-il apporté à ces malheureux paysans à qui Henri IV promettait la *poule au pot?* Il les a réduits à lésiner jusque sur le sel , pour porter ailleurs sa sollicitude et ses libéralités , pour délivrer la fortune territoriale des centimes additionnels, et pour laisser l'amortissement comme gage aux capitalistes, comme auxiliaire aux agioteurs ! Dites , dites où sont les larmes qu'il a séchées ! les malheureux qu'il a consolés ! les alliés qu'il a secourus , les amis qu'il a protégés , les bénédictions populaires qu'il a recueillies ! Peut-on prendre sérieusement, pour un symptôme du consentement tacite du peuple, l'opposition bruyante , tumultueuse , immense, profonde, qui éclate de toutes parts, qui fait explosion matin et soir par les voix innombrables de la presse , par les trois cent journaux de la capitale et des provinces; qui se manifeste par les complots et les émeutes dans Paris , par l'insurrection dans la Vendée , par la révolte dans Lyon , par des soulèvemens et des excès à Grenoble, à Perpignan , à Strasbourg , à Toulouse et sur tant d'autres points du royaume? » Oui , voilà ce que disent , ce que proclament les partis, et ce qui est malheureusement d'une authenticité que tout le monde reconnaît et déplore.

Voilà ce que disent , ce que montrent les partis pour justifier leur refus de reconnaître la légitimité de la monarchie actuelle! Et qu'oppose-t-on aux faits qu'ils signalent , aux argumens qu'ils en tirent? Des poursuites , des condamnations ! Mais je le répète , *punir , est-ce répondre?* Quand le verrou d'une prison s'est fermé sur un écrivain pour avoir fait de la logique et de l'histoire, l'écrivain a bien disparu; mais la logique et l'histoire restent toujours, et ce sont elles seules qui prononcent en dernier ressort!

Et puis, le pouvoir actuel peut-il récuser péremptoirement le témoignage, et réfuter avec succès la dialectique des-partis, sur la question fondamentale de l'assentiment populaire qu'il invoque pour en faire la base de sa nationalité, quand les partis pourraient le citer lui-même comme témoin à décharge dans leur cause et lui opposer ses propres aveux? La plus haute intelligence qui ait apparu dans ses conseils et qui a le plus contribué à imprimer à sa marche la tendance et le caractère que nous lui voyons encore aujourd'hui; le ministre qui fut le parrain et le précepteur du gouvernement de juillet, M. Guizot, ne lui a-t-il pas donné solennellement le nom de *quasi-légitime*, dans le sens de l'ancien régime, et n'a-t-il pas provoqué dès-lors les amis de la révolution a ne plus l'appeller de leur côté que *quasi-national*, c'est-à-dire, à lui retrancher en *légitimité populaire* ce qu'il réclamait pour lui en *légitimité féodale?* et M. Guizot ne s'en est pas tenu là. Forcé un jour de reconnaître que l'abandon du programme de l'Hôtel-de-Ville et l'application de sa doctrine de la *quasi-restauration* avaient éloigné du trône de juillet la plupart de ses fondateurs, et rendu l'opinion publique peu favorable au nouveau système, il déclara qu'il acceptait le reproche *d'impopularité* comme une preuve de la sagesse de son administration. Eh bien! que le pouvoir exige qu'on l'appelle *sage* sur la foi de ses amis, mais qu'il ne fasse pas un crime à ceux qui, sur la foi de ses amis aussi, refuseront de l'appeler *populaire*. Seulement on pourra se demander si la *sagesse* et l'*impopularité* peuvent se concilier et marcher long-temps ensemble sans rupture ou sans péril; si un homme d'état peut imiter impunément la boutade de Phocion, et dédaigner sans imprudence et sans inconvéniens, comme pourrait le faire un simple citoyen, l'approbation des masses, et cette voix du peuple qu'on a appellée avec tant de raison la voix de Dieu?

Il est juste pourtant de faire remarquer que tous les ministres n'ont pas admis la doctrine de M. Guizot sur les avantages de l'impopularité; car tout le monde peut se souvenir que dans une occasion récente et solennelle, dans le procès de l'hérédité de la pairie, le président actuel du conseil sentit tellement le danger de contrarier le vœu national, qu'il déclara hautement lui avoir sacrifié ses plus chères et ses plus profondes convictions. Mais ce respect tardif et isolé pour l'opinion publique, cette immolation prodigieuse de la conscience politique, ce suicide héroïque de l'amour-propre, n'a rien changé à la position respective du gouvernement et des masses populaires, qui ont continué de souffrir, de se plaindre et de s'agiter, ni à l'irritation réciproque de l'opposition et du ministère, ni aux formes violentes de la polémique quotidienne, ni à la discussion journalière des questions les plus fondamentales, ni aux désmonstrations les plus hostiles entre le pouvoir et ses adversaires de toutes les nuances. L'impopularité est donc restée aux yeux des divers partis, telle que M. Guizot l'avait posée; et dès lors, les hommes qui ne croient qu'à la volonté du peuple exprimée par le suffrage universel; qui pensent, avec Rousseau, que la souveraineté ne peut pas se déléguer, et qui auraient voulu du moins comme MM. Chateaubriand et Cormenin, un congrès national pour reconstituer la France; ces hommes ont dû se montrer d'autant plus sévères sur l'absence de ce qu'ils regardent exclusivement comme le *droit*, que le *fait* n'était pas de nature à les désabuser de leur rigorisme doctrinal et de leurs théories démocratiques.

A défaut de l'intervention du peuple, on leur oppose, il est vrai, la déclaration du 7 août de la Chambre des députés. Messieurs, pour quiconque admet l'empire de la nécessité, pour quiconque croit avant tout à la souveraineté des circonstances, à la *légitimité* du salut public (et je déclare que je suis de ce nombre), les 221, provocateurs involontaires de la révolution de juillet, furent réellement investis, après la semaine des barricades, de cette puissance extraordinaire qui s'improvise au milieu des crises sociales, pour empêcher les états de tomber en dissolution. Il fallait constater législativement le grand fait qui venait de s'accomplir. Il fallait régulariser le mouvement révolutionnaire, et nul corps constitué, autre que la Chambre des députés, ne jouissait alors d'assez de crédit et d'influence pour se charger de cette œuvre pressante. Mais cette assemblée, mandataire de la nécessité, comme le disait encore il y a peu de jours M. Dupin, pouvait-elle exiger, des rigoristes de l'école démocratique, qu'ils acceptassent comme l'expression d'un droit ce qu'elle n'avait proclamé, ce qu'elle n'a présenté depuis, que comme *un fait d'urgence?* et peut-on considérer comme criminel et punissable le puriste républicain qui, n'accordant la légitimité ou la nationalité qu'au pouvoir émané expressément de la volonté générale, persiste à nier les droits de la nécessité, et réclame, par-dessus tout, l'application rigoureuse et absolue du principe qu'il croit vrai?

Messieurs, si les assemblées primaires appelées à ratifier les résolutions de la Chambre des députés avaient en effet voté pour la monarchie actuelle, la minorité républicaine aurait conservé néanmoins le droit d'exprimer et de défendre ses opinions; car sans cela la liberté de la presse et la liberté des croyances ne seraient plus que de vains mots; elle aurait pu faire, sous un gouvernement fondé sur le vœu de la majorité nationale, ce que l'absolutisme du quinzième siècle n'avait pas interdit à Montaigne, quand il l'avait laissé imprimer le fameux discours sur la servitude volontaire, de son ami La Boëtie.

Eh bien! le républicanisme, à qui l'on ne peut opposer aucun acte de la majorité selon les formes qu'il puisse et veuille reconnaître dans sa logique inexorable, doit-il se croire moins autorisé à se produire au grand jour qu'il ne le serait dans le cas même où il aurait été régulièrement repoussé par le suffrage universel? Non sans doute; et sa confiance en lui-même ne saurait s'éteindre ou diminuer, pas plus que celle des légitimistes, tant qu'une épreuve solennelle ne les aura pas fait renoncer légalement à leurs prétentions, ou que le spectacle de la prospérité publique ne les aura pas condamnés et réduits au silence. On avoue qu'ils ont des *convictions fortes et profondes!* C'est une explication presque apologétique du langage austère et virulent dont on leur fait d'ailleurs un crime. Mais pourquoi donc aller heurter imprudemment ces puissantes convictions quand on déclare, comme l'a fait naguère un ministre de la royauté de juillet, n'avoir soi-même et ne trouver dans son propre parti que des convictions molles et languissantes?

Pourquoi s'imaginer qu'il suffise d'armer législativement l'indifférence et l'égoïsme à la draconienne, pour les faire lutter avec avantage contre l'exaltation, l'enthousiasme ou le fanatisme? Il n'y a qu'un moyen de triompher des convictions que l'on croit dangereuses : c'est de les combattre avec d'autres convictions plus généreuses, plus entraînantes, plus populaires; c'est de convaincre les masses nationales qu'on est soi-même convaincu de la nécessité et animé du désir de marcher franchement avec elles, d'écouter leur vœux, d'accroître leur bien-être, et de gouverner, en un mot, selon l'intérêt et l'honneur de la France, comme selon la gloire et le bonheur de l'humanité.

Messieurs, l'immortelle assemblée qui fit serment au Jeu-de-Paume de régénérer le premier peuple du monde, et qui jura par là d'opérer une révolution universelle, cette assemblée n'avait pas reçu de ses commettans le droit d'accomplir une si vaste et si grande mission. Les états-généraux n'avaient de constitution légale que par l'observation des anciennes formes, par la distinction des ordres ; et leurs cahiers ne les autorisaient pas non plus à renverser, mais seulement à réformer la vieille monarchie. Les états-généraux violèrent donc leur propre constitution quand ils jurèrent de donner une nouvelle constitution à la France ; ils violèrent leur mandat quand ils remplirent ce magnifique serment. Qui oserait cependant, sans niaiserie, et à moins d'être aveuglé par la monomanie de la légalité, chicaner l'assemblée constituante sur la valeur et l'étendue de ses pouvoirs ? Pourquoi n'a-t-on pas pu lui reprocher sérieusement d'avoir outrepassé les limites que lui avaient tracées les sénéchaussées et les bailliages ? C'est qu'elle ne méprisa la *lettre* de l'antique constitution que pour obéir à l'*esprit* de la société nouvelle dont elle voyait partout les élémens ; c'est qu'elle ne déchira la *loi écrite* du passé que pour se faire la LOI VIVANTE du présent et de l'avenir, que pour résumer dans ses actes les sentimens et les idées les plus avancés de son époque ; c'est qu'après le 14 juillet, quand la France entière disait à Louis XVI, par la bouche du vertueux Larochefoucauld, que la prise de la Bastille n'était pas une *simple insurrection*, mais une RÉVOLUTION, l'assemblée na-

tionale sut se mettre à la hauteur de cette grande pensée,
et au lieu de s'amuser à faire du *quasi ancien régime*,
procéda hardiment à une réforme complète dont elle donna le signal dans la fameuse nuit du 4 août.

Si donc la Chambre des députés de 1830, en s'empa-
rant du pouvoir constituant sans en avoir reçu le mandat
exprès, à l'exemple des états-généraux de 1789, a rencontré
des protestations vives et incessantes contre l'omnipotence
qu'elle s'est arrogée ; si, au lieu des acclamations que
l'assemblée nationale entendit sur son passage et que l'histoire a répétées, le nouveau gouvernement a essayé des
résistances perpétuelles, des dénégations injurieuses, des
attaques fatiguantes; s'il a vu les royalistes d'un côté et
les républicains de l'autre déployer fièrement en face de
lui leurs bannières respectives, c'est qu'il n'a pas tout fait
sans doute pour que la reconnaissance publique vînt l'ai-
der à voiler et à justifier les défauts de forme, les irrégu-
larités et les empiétemens qui durent marquer inévita-
blement son origine, d'après tout ce que nous a révélé l'un
de nos plus célèbres orateurs, sur la précipitation qui avait
présidé à l'œuvre constitutionnelle du 7 août; c'est qu'il
n'a pas pu, comme l'assemblée constituante, étouffer les
petites clameurs au milieu du bruit immense des bénédictions populaires ; c'est qu'au lieu de désespérer les royalistes
et les républicains en prenant lui-même l'initiative des
mesures progressives et des améliorations urgentes, en al-
légeant les charges publiques, et en se mettant à la tête du
mouvement que la révolution de juillet venait d'imprimer
à la France, il a relevé, au contraire, toutes les espéran-
ces des républicains et des royalistes par la manière dont
il a interprété, exploité ou nié cette grande révolution.

Messieurs, Rousseau a dit du *Prince* de Machiavel que c'était *le livre des républicains*. Je m'empare de ce mot profond, et je dénonce à mon tour, aux hommes qui ont peur de la démocratie, les véritables républicains dont la conduite et les principes doivent leur inspirer de sérieuses alarmes. Quand, après avoir été délivré miraculeusement par le peuple d'un joug imposé par les rois de la sainte-alliance, on est venu dire à ce peuple de reprendre à peu près ses anciennes chaînes, et au nouveau monarque de se faire le continuateur de l'ordre politique qui était né en 1814 du mariage impie de la trahison avec l'étranger, et que la capitale croyait avoir enseveli sous ses pavés ; quand on a conseillé d'appeler la grande semaine une catastrophe, et de faire d'une révolution populaire une quasi-restauration royaliste ; quand on a vanté l'impopularité, prôné l'égoïsme national, et désenchanté les cœurs généreux et les esprits ardens de la France et de l'Europe, ceux qui ont parlé et agi de la sorte ont été vraiment les plus dangereux des républicains ; et s'ils ne sont pas cités aujourd'hui à ce tribunal, ils n'échapperont pas du moins à celui de l'histoire.

Je demanderai maintenant une fois encore, messieurs, s'il est étonnant que dans un tel état de choses, les démocrates aient persisté à contester l'exercice de la souveraineté nationale à la Chambre des députés ? Il n'y avait que l'autorité du *fait* qui pût les amener à se relâcher sur la rigueur du *droit*. C'était au gouvernement de justifier ou de faire oublier par ses *actes* la violation des *doctrines*, et de raffermir par la sagesse ce que la nécessité avait fondé. Je le répète donc, si la question de son origine et de son existence est devenue l'objet d'une controverse journalière, scandaleuse et irritante, c'est à lui-même surtout qu'il doit s'en prendre de ses embarras et de ses dégoûts, pour n'avoir pas su prévenir ou rendre inoffensif un débat de ce genre.

« Mais, dit-on, la discussion est sortie du domaine des théories pour se porter sur celui des outrages et des injures. » Je suis loin de nier la vérité de cette remarque, et je déplore autant que qui que ce soit l'action corrosive et l'influence délétère des passions politiques sur la teinte chevaleresque de politesse et d'urbanité qui distinguait essentiellement notre caractère national. Seulement je ferai observer que la presse n'a pas exercé le monopole de l'épigramme, de la satire et de l'insulte. On a vu l'aigreur, la colère et la violence pénétrer aussi dans les conseils du pouvoir et apposer leur sceau sur plus d'une mesure administrative. Si donc l'homme d'état, revêtu d'un véritable sacerdoce, est entraîné par le choc des opinions à s'écarter quelquefois de la modération, du calme et de la réserve que lui imposent la hauteur de sa position et sa tâche conciliatrice, comment ne trouverait-on pas excusable l'écrivain qui, en cédant à sa fougue, ne fait que remplir ou qu'exagérer au plus le rôle naturel de toute opposition ?

Messieurs, dans l'une des discussions dont la liberté de la presse a été l'objet à notre tribune nationale, un orateur célèbre, qui fut depuis placé à la tête de l'administration de la capitale, prononça des paroles mémorables que l'on peut livrer à la méditation des hommes qui ambitionnent ou qui occupent le pouvoir : « L'homme qui accepte un poste élevé, dit-il, doit savoir qu'il s'expose aux tempêtes, qu'il appelle les regards sur lui, que les rigueurs de la censure poursuivront toutes ses actions ; c'est à lui d'interroger son caractère, de sentir s'il est capable de soutenir les attaques

qui lui seront portées , s'il est supérieur aux revers *et même
aux injustices.* »

Ces derniers mots répondent suffisamment pour moi ,
messieurs, à l'accusation d'*offense à la personne du roi.*
Comme je ne pourrais qu'en affaiblir la portée en les déve-
loppant, je ne veux rien y ajouter. Je dirai la même chose
du délit *d'excitation à la haine et au mépris du gouvernement;*
délit que MM. les avocats du roi ont cru apercevoir dans
une phrase où l'on reproche au ministère de *fourrer* POLI-
MENT *les gens en prison.* J'avoue que je ne vois, pour ma part,
dans cette phrase, qu'un MOT à retrancher : un mot qui a
reçu de cruels démentis par les scènes et les méprises dé-
plorables qui ont marqué des arrestations toutes récentes.

Messieurs, ma tâche est finie et la vôtre commence. En
vous soumettant tout ce qui *en fait* et *en droit* m'a paru
expliquer, justifier ou seulement excuser les propositions
qui vous sont dénoncées par les avocats de la couronne,
je n'ai voulu que faire impartialement leur part respective
à l'accusation et aux accusés ; que dire comment le mal
dont on s'afflige avec tant de raison n'appartient pas exclusivement aux écrivains que l'on poursuit, mais un peu aussi,
beaucoup peut-être, aux hommes d'état qui les poursuivent.
Puissent mes paroles avoir préparé en vos ames la conviction
qui est dans la mienne ! puissent-elles contribuer à faire de
votre décision un de ces actes qui sans cesser d'exprimer
la pensée austère de la justice , contiennent aussi quelquefois une leçon de haute politique, et servent puissamment à
éclairer le pouvoir ! Je me souviens qu'aux temps orageux
de la restauration, à l'époque des fameux procès de tendance, le gouvernement de Charles X reçut sous les voûtes
de ce palais d'éclatans avis dont il ne sut pas profiter. Vous

savez comment il a expié ce mépris des enseignemens so-
lennels de la magistrature. Ses successeurs montreront sans
doute moins d'obstination et plus de sagesse, quand ils
pourront trouver dans les discussions de la tribune et du
barreau, dans les mesures législatives et dans les sentences
judiciaires, d'utiles avertissemens pour les guider à travers
les écueils et les dangers d'une route que la charrue des
révolutions sillonne à chaque pas.

Imprimerie d'ÉVERAT, rue du Cadran, n° 16.